바닥의 힘

시에시선 **048**

바닥의 힘

강신용 시집

詩와에세이

시인의 말

문단 말석에 이름을 올린 지 40년
일곱 번째 집을 짓는다

강산이 네 번 바뀌었건만
시의 길은 아직도 멀고 까마득하다

그러나 어쩌랴 끝끝내 거부하지 못할
운명 같은 이 길을

무당이 칼날 위에서 춤을 추듯
사색의 촉을 세우고
온몸으로 밀고 가야만 하리라

2021년 가을 言志堂에서
강신용

차례_

시인의 말 · 05

제1부

시를 위하여 · 13
질경이 · 14
바닥의 힘 · 15
부끄러운 날 · 16
봄, 그리움 · 17
갖고 싶다 · 18
카톡으로 날아온 시 · 19
저녁 한때 · 20
장미꽃, 그대 · 21
사랑이 오는 자리 · 22
빈집 · 24
산책 · 25
창가에 앉아 · 26
박용래 · 28

제2부

결핍 · 33
설움 한 되 · 34
손등 · 35
딸아! · 36
수건을 개며 · 38
부재 · 39
혼자 가는 길 · 40
그 가을 · 42
법주사에서 · 43
쓸쓸함에 대하여 · 44
담가 보셨나요 · 45
영치리 · 46
길 · 47
돌 · 48
가을 · 49

제3부

홍시 1 · 53
홍시 2 · 54
상강 · 55
채석강에서 · 56
소식 · 57
맑아지다 · 58
성강리의 봄 · 59
봄날 · 60
목련꽃 지는 오후 · 61
부활 · 62
젖고 싶다 · 63
산수유 · 64
저녁 무렵 · 65
지우다 · 66

제4부

밥 1 · 69
밥 2 · 70
밥 3 · 71
밥 4 · 72
밥 5 · 73
밥 6 · 74
밥 7 · 75
밥 8 · 76
석양 1 · 77
석양 2 · 78
석양 3 · 79
석양 4 · 80
석양 5 · 81

해설 | 이승하 · 83

제1부

시를 위하여

이젠 더 이상 쓰지 않기로 한다

찾아오면 애써 무시해버리고
이젠 더 이상 물들지 않기로 한다
시란, 마음 안에서 슬슬 웅얼거릴 때
그 진수를 알 수 있나니
시란, 어둠 속에서 홀로 서성일 때
그 가치를 느낄 수 있나니

이젠 더 이상 아파하지 않기로 하자

질경이

나를 밟아다오
온종일 길거리에 앉아 있을 테니
해가 떠도 좋고 어둠이 와도 좋다

밟히고 밟혀도 다시 일어서는
불사초 되어
바위처럼 그리움 안고 살아갈 테니
사는 것이 서럽고 힘들어도
고개 들어 하늘을 우러를 테니

바닥의 힘

바닥까지 내려가 본 사람은 안다
바닥은 끝이 아니라는 것을

바닥을 쳐 본 사람은 안다
바닥은 희망이라는 것을

바닥까지 갔다 온 사람은 안다
바닥은 힘이 세다는 것을

부끄러운 날

별빛 쏟아지듯 시가 마구 써지는 날이 있다

참, 부끄러운 날이다

봄, 그리움

그 무엇으로 너의 이름을 불러야 할까
외로운 내 마음의 창가에서
그리운 이름으로 살다 간 너

온누리에 꽃물결 넘실대면
너는 뜻 모를 설렘으로 잠 못 이룬다 했지

지금도 봄이 오면
꽃향기에 취해 몸살을 앓는지
지금도 봄이 오면
먼 산 바라보며 온몸으로 피어나는지

꽃은 하나둘 시들고
때늦은 후회로 돌아설 때에도
너의 가슴엔 항상 봄날이 흐르고 있었다
그 봄빛 안에 이제야 나도
그리움의 몸살을 앓고 있다

갖고 싶다

모든 것을 바칠 수 있는 사랑 하나 갖고 싶다

사랑 아닌 것은 아무것도 섞이지 않는

신새벽 붉게 솟아오르는 태양 같은 사랑 하나 갖고 싶다

부귀영화 다 버리고 오직 사랑 하나에 목숨 건

단 한 사람

태어나서 죽을 때까지

마음 정하고 살아갈 수 있는 사랑 하나 갖고 싶다

카톡으로 날아온 시

카톡으로 시가 날아왔다

요즘은
스마트폰 속에서
아침마다 시를 만난다

이제 시집을 읽지 않아도
살아갈 수 있는 세상

오늘도 카톡카톡
시가 날아와 아침을 깨운다

저녁 한때

둔산 선사유적지
움집 옆 빈 의자 위에
양심을 팔아버린
하얀 종이컵

지구는 왜 아플까?
자연은 왜 노(怒)했을까?
인간의 양심은 어디로 갔을까?
코로나19는 어디서 왔을까?

이 생각 저 생각에
문득 하늘을 바라보니
맑은 구름이 평화롭게 흘러간다
세상은 멈춰 섰는데

장미꽃, 그대

길 가다가 장미꽃 보면
그대 생각에
발길을 멈춥니다

보고픈 마음
꽃 속에 담아 보낼 수 있을까
울컥울컥 사진을 찍습니다

맑은 햇살 속에서
붉게 피어 있는 꽃

문득 그대 얼굴 떠올라
하루종일
마음이 설렙니다

사랑이 오는 자리

산기슭에서
파도 소리를 들었다
끝없이 일렁이는
물결 소리를 들었다
보아라, 끝내 부서지고 마는
저 허위와 진실을
사랑이 비록 저렇듯
순간의 빛으로 온다 해도
그대여 우리는
한순간 스쳐 지나갈
그 물결 소리에 물들지 말자
산천이 수백 번 굽이쳐야
산맥을 이루고
강물이 수천 번 뒤집혀야
바다가 되듯
그대여 우리 만남 또한
저와 다르지 않나니
강 언덕에서

산바람 소리를 들었다
말없이 피어나는
별빛 소리를 들었다

빈집

눈물겨워라
저렇게 애틋한
적막의 불빛
아무도 와주지 않는
고요한 흐느낌

바람이 지나가다
슬쩍 보고 갔을 것 같은
어느 쓸쓸한 인생의 흔적 같은

산책

  햇살 쏟아지는 산길 걷고 있다 낙엽이 하늘 향해 두 팔 벌려 누워 있다 아련한 추억, 추억이라는 질긴 세월의 그늘, 잃어버린 길 위에 출렁이는 날빛, 함께 걷고 있다 구겨진 바람 만지고 있다

창가에 앉아

비 내리는 창가에 앉아
너를 생각하고 있다

즐거웠던 추억들이
사라져가는 길가에서
가난처럼 서러운 그리움을 앓는다

이제 우리는 서로를 위해
기도하지 않는다
조용히 돌이켜보는
지난날의 사랑이 있을 뿐이다

세월이 흐른 뒤에도
잊혀질 듯 희미하게 살아나는
이렇게 쉽고 가벼운 생각은
어디서 비롯되는 것일까

참으로 누군가를 사랑한다는 것은

수직으로 떨어지는 빗소리를
마음 안에 새겨
슬픈 음악처럼 흐르게 하는 일이다

박용래

호남선
철길 따라
흩어지는
싸락눈

빗길 넘어
<u>오요요 오요요</u>
허둥대는
강아지풀

하루에도 몇 번
무릎 세우고
눈물 머금는
백발의 꽃대궁

얼핏얼핏
서리꽃 피면
둥 둥 둥

먼 바다

제2부

결핍

파도는 온종일

모래 아랫도리만 핥고 있다

설움 한 되

우리 엄마 장롱 속에는
설움 한 되 살고 있었네

나 어느 날 그곳에 들어가
한바탕 울어 젖히고

끝끝내 지워지지 않을
엄마의 가슴으로

가장 서럽게 살고 싶었네

손등

쭈글쭈글 금이 가 있는
손등은 아름답다
자식을 위해
가족을 위해
쉴 새 없이 깊은 강 건너와
울퉁불퉁 불어 터진
손등

그 손등에는
우주의 눈물이 배어 있다

딸아!

딸아
밤마다 술 취해 잠 못 드는 이유를
너는 아직 모르겠지
거친 세상
기댈 곳 하나 없는 들판 길을
헤치고 당당하게 걸어온
외로움과 쓸쓸함의 무게
행여 기쁜 날이면
내 몸은 더 고달팠고
혼자 지켜야 하는 나의 밥상은
언제나 눈물뿐이었다
산다는 것이
이렇게 아리고 깊다는 것을
세월이 흘러 철이 들면
너도 알 수 있겠지
딸아
세상 살아가다가 지쳐
힘든 날 있으면

가슴 활짝 펴고
하늘을 바라보렴
이 세상 모든 일들은
마음먹기에 달려 있단다
딸아
너도 언젠가는 알 수 있겠지
늦은 밤 술 취해 돌아오던 아빠의
고독한 발걸음의 의미를
처진 어깨 그 깊은 사연을

수건을 개며

수건을 개고 있으면
가족들 모습이 하나둘 떠오른다
아내, 큰애, 둘째, 막내 얼굴이
초저녁 별처럼 피어난다

하루 일과를 마치고 돌아와
음악을 들으며 수건을 개고 있으면
지난날들이 새록새록 떠올라
꿈처럼 어른거린다

아름답고 슬펐던 그립고 아쉬웠던
간고한 세월을 더듬으며
수건을 개고 있으면
내가 살아온 길의
시작과 끝이 보인다

부재

힘든 세상
이리저리 흔들릴 때마다
아버지
불러봤지만
허공에 핀 눈물 뿐이었다

이 세상에서 가장 높고
깊다는 말
아버지
나에겐 가장 멀고 긴
험한 길이었다

혼자 가는 길

청춘이 눈뜰 무렵
나에겐 부모가 없었네
하늘과 땅을
부모로 모시고 살아가고 싶었네
혼자 걸어온 길
쓸쓸한 고독이 내 몸을 감싸 주었고
막막한 어둠이 내 맘을 위무해 주었네
일가친척은 멀어져 갔고
세상을 원망할 힘도 없었네
꽃 피면 꽃을 바라보며 웃고
낙엽 지면 그 적막함으로
마음 달래며 울었네
소월, 미당, 백석, 종삼, 용래가
내 시의 스승이었고
톨스토이, 도스토옙스키, 카프카,
헤밍웨이, 헤세, 릴케, 랭보가
내 문학의 길을 인도해 주었네

바람, 구름, 개울물 소리와 함께
흔들리며 살아온 세상
해와 달 사이에서
아픈 그리움만 풍경처럼 묻어났네
세상은 나를 위해 한 번도
울어주지 않았네

그 가을
-1986. 9. 7

하늘나라에서 온
너와 함께
맞이한 그 가을은
황홀했다

무지갯빛 향기에
취한 듯
굴곡진 내 삶의 아픔도
사랑의 꽃길 되어
행복했다

그 가을이 다 가도록
세상 모두가
아름다웠다

법주사에서

대웅전 앞에서
스님과 함께 사진을 찍었습니다
스님의 머리 위를 스쳐 지나가는
푸른 햇살이 왠지
쓸쓸해 보였습니다

속리산 자락을 휘돌아가는
계곡 물소리가
속세에 찌든 마음을 씻어주는 내낯
세상 살아가는 일 별것 아니라고
스쳐 지나가는 바람일 뿐이라고
산새들이 속삭입니다

인생은 어디서 와서 어디로 가는 걸까요?
간고했던 삶의 기억을 되새기며
금동미륵대불을 배경으로 스님과 함께
사진을 찍었습니다

쓸쓸함에 대하여

혼자 술 마시는 밤
창밖 외로움에 떠는 별빛과
빈 나뭇가지를 흔드는 바람 소리
누군가 찾아올 것 같아
귀 세우는 밤

살아온 날들에 대한
반성도 없이
통절한 후회도 없이
어둠을 끌어안고
고독을 마시는 밤

담가 보셨나요

고독한 사나이의 독백처럼
철썩이는 파도의 그리움처럼
붉게 물드는 노을처럼
바다가 보이는
찻집에 홀로 앉아
그렇게 쓸쓸히 저문 뒤
한 점 바람으로 남을
사랑을 담가 보셨나요

영치리

그 마을
지붕 위엔 하얀 박꽃이 피어 있고
마당에는 빨간 고추가 널려 있었다

길가엔
고추잠자리와 코스모스가 춤추고
온종일 황금 물결이 일렁이고 있었다

하얀 박꽃이 피고
고추가 빨갛게 익어서
배가 부르고 꿈이 커가던
그 마을

길

오늘도 나는 길을 갑니다
오르막길
내리막길

그 길 걸어서 여기까지 왔습니다

돌이켜보면
외롭고 쓸쓸했지만 때론
따뜻하고 다정한 길도 있었습니다

어떤 길은 가지 말아야 했었고
어떤 길은 꼭 가야만 했었지만
그럴 수는 없었습니다

나는 오늘도 길을 갑니다

돌

돌 속에 길이 있다

강물이 지나간 흔적이 있고
바람이 울고 간
구름의 역사가 있다

돌 속에는 우주의 숨결이 있다

가을

가을에는 무작정 떠나자
끝 간 데 없이 마구 쏘다니며
수척한 바람에 얼굴을 묻고
허름한 생각에 빠져보자

가을에는 편지를 쓰자
주소도 이름도 모르는
어느 누군가에게
구름 같은 사연이 되자

제3부

홍시 1

문득
박용래 시가 생각났다
누런 잡지에 실렸던

그
짧은
가을빛

온몸 허물며
홀로
물들어가던

그
맑은
소주 빛

홍시 2

허공에 매달려 있다

찬바람 불면
온몸으로 기도를 한다
끝끝내 제 몸 놓아주지 않는
저 고집, 홍시는
홀로 추운 날들을 견뎌야 하는
빈 가지의 외로움을 알고 있다

상강

나무들 눈이 퀭한
자리

계절의 끝이 드러나 한껏
처져 있다

가을은 저렇게 허무의 힘으로
움푹 패이겠다

채석강에서

누가 만들었을까?

파도가 밀려와
철썩
철썩
새 책 쌓아놓고 가면

갈매기 떼 날아와
끼룩
끼룩
글 읽는
바위 도서관

소식

오월을 밀어낸 유월이
소식 전하네

세월 참 빠르다고

라일락 향기에 몸살을 앓던 봄날은 가고
밤꽃 피어 바람에 흩날리는 계절이 왔다고

장미꽃이 만개하고
신록이 진록이 될 때라고

맑아지다

시월이 오면
세상이 맑아진다
기다리고 서 있던 우체국
마당이 맑아지고
그 위를 서성이던 생각의
깊이도 맑아진다

세월 속에 주름진 친구의
마음이 맑아지고
가슴에 묻은 첫사랑
추억도 맑아진다

시월이 오면
이루지 못한 꿈 하늘이
맑아지고
언덕 너머 가는 흰 구름의
눈물도 맑아진다

성강리의 봄

무논 위에
개구리 노랫소리 무량하다

교교한
달빛

배꽃이 하얗게 쏟아져
소쩍새 울음이 깊다

봄날

꽃 피면
어떡해

누군가 왔다 갈
누군가 왔다 갔을

이 지독한
봄날

꽃 지면
어떡해

목련꽃 지는 오후

투욱 툭
지는 오후

살며시
가슴 여미는
햇살

두둥실 떠가는
흰 구름
몇 점

부활

머릿속에서 벌레가 우글거린다

바람이 춤춘다

내가 나를 부른다

누군가 부르기 전에

내가 대답하기 전에

봄이 왔다

젖고 싶다

비 오는 날은
젖고 싶다

기다림도
설렘도
하루가 저물도록
젖고 싶다

기쁨도
슬픔도
젖고 싶다
잊을 수 없는
추억처럼

산수유

따스한 빛
아직 먼데
몸 열고 있구나

언 땅 살 사이로
눈
뜨고 있구나

쫓기는
눈발
붐비고 있구나

저녁 무렵

지나온 세월의 그림자가
모여 있습니다

저물면
저물수록

깊어지는
언어가 있습니다

섧고 따뜻한 기억들이
돌아오는 시각

어름어름
마음 둘 공간이 있어 좋습니다

지우다

일찍 떠나간 후배의 전화번호를 지운다
몇 달 전에 세상을 등진 친구의 전화번호를 지운다
환갑도 못 넘기고 죽은 문우의 전화번호를 지운다
미수에 돌아가신 은사님의 전화번호를 지운다
다시는 볼 수 없는 사람들
다시는 걸 수 없는 번호들
떠날 때는 순서도 의리도 없구나

내 마음도 내가 사는 만큼 더 지워지겠구나

제4부

밥 1

어렸을 때
혼날 짓 하고
집에 늦게 들어오던 날
네가 웬수여!
웬수!
소리치며

밥은?

하시는데
왜 눈물이 핑 돌았을까?

밥 2

우리 먹고 사는 일
먼 곳에서 찾으려 하지 말자
밥 한 그릇 놓이는 자리가
삶의 시작이고 끝이다
그곳이 바로 성스러운 자리다
그 자리 만드는 일에
땀 흘려야 한다
밥 한 그릇 놓이는 그 자리에
죽고 사는 일 있다

밥 3

세상 살아가는 데는
뭐니 뭐니 해도
따뜻한 밥 한 그릇 먹는 일이
가장 큰 일이다
밥 한 그릇 나눠 먹을 수 있다면
거기가 천국이다

밥 4

나 어릴 때
할머니는 내 밥그릇에 꾹꾹 눌러서 밥을 담아 주셨다
세상에서 밥심이 최고다 최고다 하시면서

나 어릴 때
엄마는 자꾸 내 밥그릇에 밥을 얹어 주셨다
더 먹어라 더 먹어라 하시면서

밥상 앞에 앉으면
가끔
그때가 생각나 눈물이 난다

밥 5

인생이 어떻고
철학이 어떻고
이러쿵
저러쿵
말들 하지만
알고 보면 그게 다

밥 한 그릇 먹기 위한 말들이다

밥 6

밥 먹기 전에
기도해본 적 있는가
감사하다는 말
고맙다는 말
밥이 내 앞에 오기까지
흘린 땀과 무게를
생각해본 적 있는가

밥 7

밥은 평등하다
부자도
가난한 사람도
밥 앞에선 고갤 숙인다
함께 먹으면 사랑이 되고
혼자 먹으면 평화가 깃드는 밥
세상이 변해도
변하지 않는 밥

밥 8

밥 앞에선 누구나
공손해진다
높은 사람이건
낮은 사람이건
마음이 따뜻해진다

석양 1

어느덧
노을이네요

촘촘히 살아온 날들은
멀어져 가고

이제는
그대 없는
세월 속으로 물들어 가요

조금은 쓸쓸한

바람이 불어오고
구름이 떠다니네요

석양 2

내게도 가슴 따뜻한
날들이 있었으면 좋겠다

아침에 눈 뜨면 사무치는 설렘으로
저녁을 나서면 어디서 본 듯 수줍어하는 쓸쓸함처럼

붉디붉은
사랑이 되어 울고 싶다

오늘 하루는 또 다른 하루를 향해
세월 속 이야기가 되어 붉어진다

내게도 서럽지만
깊디깊은 눈물이 있었으면 좋겠다

석양 3

제대로 된 시 한 편 못써보고
제대로 된 연애 한 번 못해보고
여기까지 왔네

좋은 시 한 편 쓰고
찰진 연애 한 번 해보고
자유롭게
스며들고 싶은
저녁 무렵

석양 4

세월처럼 쌓인
낙엽을 바라봅니다

황혼빛 위에 드리워진
당신의 주름살을
바라봅니다

열심히 살아온 길
눈부시게 빛났던
아름답게 슬펐던

잊혀져 가는 것들을 생각하며
저무는 언덕길을
바라봅니다

석양 5

세상 끝 바람 인다고
서러워 마라

서글픔이야
구름 같은 것

살아서 울지 못한
그 세월은

죽음보다 깊은
삶이거니

노을빛 쓰러진다고
애달파 하지 마라

해설

나, 더 이상 외롭지 않기 위하여

이승하(시인 · 중앙대학교 교수)

　세종(충남 연기)이 낳은 시인이 있다. 강신용, 1981년에 『현대시학』으로 등단하여 그간 여섯 권의 시집을 냈다. 너무나 조용히 활동하여 사람들은 이 시인의 이름을 들어보지 않았을지 모르지만 중앙대 예술대학원에서 수학한 강 시인을 안 지 오래되었다. 그의 시작 활동은 참으로 얌전하여 있는 듯 없는 듯했었지만 대전문학상, 허균문학상 본상, 한성기문학상 등을 수상하면서 지금까지 충남 지역의 문학을 빛내온 시인이다. 우송정보대학 문예창작학과에 10년 남짓 출강했고 문경출판사 대표로서 학생들의 시와 책을 어루만지면서 살아왔다. 이번에 묶는 제7시집은 앞서 낸 여섯 권의 시집과 비교해 크게 달라진 것이 없다. 나직한 목소리로 서정시의 본령을 지키고 있다. 강신용 시인의 시를 읽으면서 실험 의식이나 사회 참여 의식을 기대하면 안 된다. 그는 순수 전통시의

맥을 묵묵히 잇고 있다.

대체로 제1부의 첫 번째 시는 시집으로 들어가는 관문의 역할을 하는 경우가 많은데, 시가 좀 뜻밖이다. "이젠 더 이상 쓰지 않기로 한다"라는 문장으로 시작한다.

이젠 더 이상 쓰지 않기로 한다

찾아오면 애써 무시해버리고
이젠 더 이상 물들지 않기로 한다
시란, 마음 안에서 슬슬 웅얼거릴 때
그 진수를 알 수 있나니
시란, 어둠 속에서 홀로 서성일 때
그 가치를 느낄 수 있나니

이젠 더 이상 아파하지 않기로 하자
―「시를 위하여」 전문

시집 첫 번째 시의 첫 문장을 왜 하필이면 "이젠 더 이상 쓰지 않기로 한다"고 했을까? "찾아오면 애써 무시해버리고/이젠 더 이상 물들지 않기로 한다"란 역설적인 말로 미루어 시를 억지로 쓰지는 않기로 했다는 말로 이해하게 된다. 요즈음 시는 대체로 난해하고, 길고, 산문조이다. 시집 한 권에 통상 60편이 실리는데 시가 길어지다 보니 꽤 두꺼운 시집이 많다. 시는 무조건 난해해야 된다는 것이 언제부터 우리 뇌리에 사로잡게 되었는지 알 수 없는데, 이는 독자와의 거리를 멀게 하는 가장 주된 요인이 되고 말았다. 시집이 잘 안 팔리는 것은 물론이거니와 시에 대한 논의도 활발하지 않다. 반대로, 시낭송가를 키워내는 사설 기관들이 우후죽순처럼 생겨나고 있고 경연대회도 전국적으로 수십 개에 이르고 있다. 시조 등단자들의 연령이 내려가고 있고 시조 전문 잡지의 수가 20종에 이르는 것도 시가 난해해진 데 따른 반대급부인지 모른다. 아무튼 강신용 시인은 "시란, 마음 안에서 슬슬 웅얼거릴 때/그 진수를 알 수" 있으며, "어둠 속에서 홀로 서성일 때/그 가치를 느낄 수" 있다고 한다. 시를 쓰는 행위란 가수가 대중 앞에서 노래 부르는 행위와는 차원이 다르다는 것이다. BTS라도 된 양 스포트라이트를 받기 원해서도 안 되고 유명세 누릴 것을 원해서도 안 되는 아주 은밀한 행위가 바로 시 쓰기라는 뜻일 것이다. 시인의 주장은 결국 "이젠 더 이상 아파하지 않기로 하자"로 귀결된다. 은밀한 목소리여서 중얼거림 같았고, 홀로 하는 행위여서 외로웠던 것일까. 40년 동안 낸 6권의 시집, 드문드문 낸 시집으로 상을 몇 번 탄 적은 있었지만 시인은 백석의 시구 그대로 '외롭고 높고 쓸쓸한' 행위를 해왔던 것이다. 게다가 마음이 아프기까지 했다. 이제는 시를 위해서라도 더 이상 아파하지 말아야겠다고 생각한 듯하다. 시류에 휩쓸릴 생각은 추호도 없고 대단한 칭송에 연연해 할 생각은 더더욱 없다. 시 한 편 쓰겠다고 끙끙대지 않고서 나오면 나오는 대로, 안 나오면 한동안 펜을 손에서 놓고……. 바람 불 듯이, 물 흐르듯이, 자연스럽게 시를 대하겠다는 생각이 바로 이 시에 드러나 있는 것이 아닌가 여겨진다. 시인이 부끄러움을 느낄 때는 오히려 시가 '마구' 써지는 날이다.

    별빛 쏟아지듯 시가 마구 써지는 날이 있다

    참, 부끄러운 날이다
                                      —「부끄러운 날」 전문

시에 대한 염결성이라고 할까 순수성이라고 할까 그것이 훼손되면 어쩌나 하는, 스스로 경계하고 있는 자세가 느껴진다. 그런 시인이 예전에 한 분 있었다. 연기에서 멀지 않은 논산은 훈련소가 있는 곳이기도 하지만 시인 박용래의 고장이다. 박용래야말로 우리 100년 시사에서 가장 시인다운 시인이 아니었을까.

호남선
철길 따라
흩어지는
싸락눈

빗길 넘어
<u>오요요 오요요</u>
허둥대는
강아지풀

하루에도 몇 번
무릎 세우고
눈물 머금는
백발의 꽃대궁

얼핏얼핏
서리꽃 피면
둥 둥 둥
먼 바다

　　　　　　　　　　—「박용래」전문

각 연의 마지막 행은 박용래의 대표자 제목이다. 그 시에서 몇 개씩의 시어를 취해 와서 연결해 시를 완성했다. 그런 시를 썼던 박용래를 그리워하고 기리고 있다. 박용래야말로 한국적 정한의 극치를 보여준 시인이 아니었던가. 아련한 그리움과 애잔한 슬픔은 박용래의 것이었는데 이런 시정신이 오늘날은 정말(!) 완전히 죽어 버렸다. 그러고 보니 강신용 시인의 시에서 박용래의 시풍이 느껴지기도 한다. 언어를 극도로 절제하고, 시에서 힘을 빼고, '울림'과 '떨림'을 전해주는 시, 바로 그것을 추구하고 싶어서 박용래의 시집을 들추고 있는 것이다. 박용래 시인의 이름이 본문에 나오는 시가 있다.

문득
박용래 시가 생각났다
누런 잡지에 실렸던

그
짧은
가을빛

온몸 허물며
홀로
물들어가던

그

　　맑은

　　　　소주 빛

　　　　　　　　　　—「홍시 1」 전문

　홍시가 제목이니 시절은 만추다. 맑디맑은 가을날, 감나무에 매달린 홍시를 보니 문득 박용래의 시「홍시 있는 골목」이나「연시」가 생각난다. 그 시를 낡은 잡지에서 읽었나 보다. 이 시에서 중요한 것은 홍시의 붉은빛이 아니다. 짧은 가을날의 햇빛과 맑은 소주 빛이다. 소주의 빛깔은 투명하다. 늦가을 하늘은 구름 한 점 없는데 박용래는 그 가을에 술을 마시고 울곤 하였다. 이 시의 화자도 혼자 가을에 소주잔을 기울이다 보니 박용래 생각도 나고 그의 무조건 울던 술버릇도 생각나고……. 홍시에 대한 제대로 된 묘사는 두 번째 시에 나와 있다.

　허공에 매달려 있다

　찬바람 불면
　온몸으로 기도를 한다
　끝끝내 제 몸 놓아주지 않는

저 고집, 홍시는
홀로 추운 날들을 견뎌야 하는
빈 가지의 외로움을 알고 있다

—「홍시 2」 전문

  까치가 와서 먹기를 기다리고 있다는 것처럼, 홍시는 허공에 매달려 바람을 견디고 비를 이겨낸다. 홍시의 고집은 감나무에서 떨어지지 않고 버티는 것에 있다. 고집 센 홍시는 "홀로 추운 날들을 견뎌야 하는/빈 가지의 외로움을 알고 있"기에 좀처럼 떨어지지 않는 것이다. 가지의 외로움을 알기에 버티는 것, 그것이 홍시의 존재 이유가 된다. 이번 시집에서는 유독 시인이 '외로움'을 많이 느낀다. 외로운 이는 과거지사와 전에 알던 사람을 그리워하는 법이다.

그 무엇으로 너의 이름을 불러야 할까
외로운 내 마음의 창가에서
그리운 이름으로 살다 간 너

온누리에 꽃물결 넘실대면
너는 뜻 모를 설렘으로 잠 못 이룬다 했지

—「봄, 그리움」 부분

봄 노래는 대체로 희망의 메시지를 전해주기 마련인데 이 시는 그렇지 않다. 산천의 초목들에 물이 올라 움이 트고 꽃망울을 터뜨리는데 더욱 짙어지기만 하는 시인의 외로움! 꽃이 지면 어떻게 하나, 강신용 시인은 봄이 오면 그 걱정부터 하는 마음이 약한 시인이다. 이름과는 너무 다른 이미지다.

    꽃 피면
    어떡해

    누군가 왔다 갈
    누군가 왔다 갔을

    이 지독한
    봄날

    꽃 지면
    어떡해

―「봄날」 전문

봄에도 이와 같이 마음을 앓고 있다니. "배꽃이 하얗게 쏟아져/소쩍새 울음이 깊다"(「성강리의 봄」)고 한 시인이니 만큼 가을은 당연히 외로움과 그리움으로 맞는다. 시인은 "시월이 오면/이루지 못한 꿈 하늘이/맑아지고/언덕 너머 가는 흰 구름의/눈물도 맑아진다"(「맑아지다」)고 한다. "창밖 외로움에 떠는 별빛과/빈 나뭇가지를 흔드는 바람 소리/누군가 찾아올 것 같아/귀 세우는 밤"은 "혼자 술 마시는 밤"(「쓸쓸함에 대하여」)이다. 이런 시는 자연 속의 시인의 모습을 그린 자화상에 가깝지만 생활 혹은 삶을 그린 시도 거의 다 고즈넉하다.

    수건을 개고 있으면
    가족들 모습이 하나둘 떠오른다
    아내, 큰애, 둘째, 막내 얼굴이
    초저녁 별처럼 피어난다

    하루 일과를 마치고 돌아와
    음악을 들으며 수건을 개고 있으면
    지난날들이 새록새록 떠올라
    꿈처럼 어른거린다

    아름답고 슬펐던 그립고 아쉬웠던
    간고한 세월을 더듬으며

> 수건을 개고 있으면
> 내가 살아온 길의
> 시작과 끝이 보인다
>
> ―「수건을 개며」 전문

남편이자 아버지인 화자는 식구들을 기다리며 수건을 개고 있다. 빨래도 본인이 한 것인지 모르겠다. 화자에게 지난날은 "아름답고 슬펐던 그립고 아쉬웠던/간고한 세월"이었다. 간고(艱苦)라는 낱말의 뜻을 생각해보자. 간난고초의 준말이 아닌가. 이렇게 살아온 지난날을 수건을 개면서 생각해보는 것이다. '시작'에 해당하는 시는 「혼자 가는 길」이고 '끝'에 해당하는 시는 「지우다」이다.

> 청춘이 눈뜰 무렵
> 나에겐 부모가 없었네
> 하늘과 땅을
> 부모로 모시고 살아가고 싶었네
> 혼자 걸어온 길
> 쓸쓸한 고독이 내 몸을 감싸 주었고
> 막막한 어둠이 내 맘을 위무해 주었네
> 일가친척은 멀어져 갔고
> 세상을 원망할 힘도 없었네

꽃 피면 꽃을 바라보며 웃고
낙엽 지면 그 적막함으로
마음 달래며 울었네
—「혼자 가는 길」부분

　이 시 속 부모의 부재는 두 가지 해석이 가능하다. 부모님이 빨리 돌아가셔서 화자가 세파에 좀 더 일찍 시달리게 되었다는 것. 또 하나는 거리감 때문에 비유적으로 그렇게 표현했다는 것. 아무튼 사춘기 시절에 강신용 시인은 외로움을 책을 읽으면서 달랬다. 시의 스승은 소월, 미당, 백석, 김종삼, 박용래였고, 문학의 길로 인도해 준 이는 헤밍웨이, 헤세, 릴케, 랭보였다는 것이 시의 후반부에 나온다. 또 다른 스승은 "바람, 구름, 개울물 소리"였다. 그것들과 함께 흔들리며 살아온 세상에서, 해와 달 사이에서 "아픈 그리움만 풍경처럼 묻어났"다. 그리고 "세상은 나를 위해 한 번도/울어주지 않았다"고 했다. 세상은 이처럼 비정하였다. 매몰찼다. 하물며 "자식을 위해/가족을 위해/쉴 새 없이 깊은 강 건너와/울퉁불퉁 불어터진/손등"은 어떠했는가. 부르튼 정도가 아니라 "그 손등에는/우주의 눈물이 배어" 있었다. 이렇게 열심히 살다가 때가 되면 갈 곳이 정해져 있다. 돌아올 수 없는 곳이다.

일찍 떠나간 후배의 전화번호를 지운다
몇 달 전에 세상을 등진 친구의 전화번호를 지운다
환갑도 못 넘기고 죽은 문우의 전화번호를 지운다
미수에 돌아가신 은사님의 전화번호를 지운다
다시는 볼 수 없는 사람들
다시는 걸 수 없는 번호들
떠날 때는 순서도 의리도 없구나

내 마음도 내가 사는 만큼 더 지워지겠구나
— 「지우다」 전문

 앞서거니 뒤서거니 우리가 마지막으로 가는 곳은 저승 세계다. 그것만이 불변의 진리이기에 시인은 지금도 시를 쓰고 있는 것이다. 해설자는 참으로 놀라운 일을 경험했었다. 아버지가 돌아가셨는데 카톡 전화번호는 계속해서 내 스마트폰에 남아 있어 치과에서 연락이 온 것이다. 아버님 치과에 가서 치료받으시게 연락을 해달라고. 누군가 세상을 떴어도 전화번호를 지우지 않으면 사자가 계속 생자처럼 사진과 카톡 문자와 함께 스마트폰 안에서 존재하는 이 문명 세계의 아이러니.
 2021년 지금 이 세상의 지배자는 바이러스가 아닐까?

인간의 백신 개발 속도와 바이러스의 변종 출현 속도가 또한 엎치락뒤치락하는 이 아이러니는 또한 어떻게 설명할 수 있을까?

 둔산 선사유적지
 움집 옆 빈 의자 위에
 양심을 팔아버린
 하얀 종이컵

 지구는 왜 아플까?
 자연은 왜 노(怒)했을까?
 인간의 양심은 어디로 갔을까?
 코로나19는 어디서 왔을까?

 이 생각 저 생각에
 문득 하늘을 바라보니
 맑은 구름이 평화롭게 흘러간다
 세상은 멈춰 섰는데
       —「저녁 한때」 전문

이 시에서 두 가지가 대조되고 있다. 하얀 종이컵과 맑은 구름이다. 전자는 인공이고 후자는 자연이다. 전자는 비양심이고 후자는 평화다. 그래서 지구는 지금 아프고 자연은 노(怒)했다. 비닐의 섬이 생겨나고 있는 반면 남극대륙과 북극의 빙하가 급속히 녹고 있다. 인간의 양심이 어디론가 갔기 때문에 코로나19 바이러스가 우리네 삶 한복판에 뛰어들어 사람들을 병들게 하고 죽음의 나라로 데려가고 있다. 남미의 여러 나라나 인도 같은 데서는 코로나19 바이러스로 죽었는지 다른 질병으로 죽었는지 알 수 없어 통계 내기도 사실 불가능하다. 시인은 지금 이 시대를 "멈춰 섰다"는 말로 표현하였다. 이 말에 십분 동의한다. 빨리 코로나 사태가 끝나 옛 모습을 되찾기를 인류의 1인으로 소망하고 있다.

시집의 제4부는 「밥」 연작시 8편과 「석양」 연작시 5편으로 이루어져 있다. 「밥」 연작은 인간의 생로병사(生老病死) 중 생(生)과 노(老)를 다룬 것이고 「석양」 연작은 병(病)과 사(死)를 다루고 있다. 생(生)은 탄생이기도 하지만 강신용 시인의 시에서는 삶을 말하고 있다.

어렸을 때
혼날 짓 하고
집에 늦게 들어오던 날
네가 웬수여!
웬수!

소리치며

　　밥은?

　　하시는데
　　왜 눈물이 핑 돌았을까?
—「밥 1」 전문

　어머니의 자식 사랑이 십분 느껴진다. 시인의 어머니는 「설움 한 되」에서는 장롱 속의 "설움 한 되"로 살았던 분이다. 시인이 어렸을 때는 "내 밥그릇에 밥을 얹어" 주시면서 "더 먹어라 더 먹어라"(「밥 4」) 하신 그 어머니가 지금은 안 계셔서 시인은 "밥상 앞에 앉으면/가끔/그때가 생각나 눈물이 난다"고 한다. 강신용 시인도 생래적으로 눈물이 많은 시인인가 보다. 밥은 내가 생활전선에 나가서 세파와 싸워야지만 구할 수 있는 것이다. 먹고 사는 게 사실 얼마나 중요한가.

　　우리 먹고 사는 일
　　먼 곳에서 찾으려 하지 말자
　　밥 한 그릇 놓이는 자리가
　　삶의 시작이고 끝이다

그곳이 바로 성스러운 자리다
그 자리 만드는 일에
땀 흘려야 한다
밥 한 그릇 놓이는 그 자리에
죽고 사는 일 있다

—「밥 2」 전문

시인의 인생철학이 이 한 편의 시에 집약되어 있다. 밥을 마련하기 위해 우리는 동분서주, 노심초사, 애면글면하면서 살아간다. 자본주의사회에서 살아가자면 각자가 열심히 밥을 구해야 한다. 밥 한 그릇 놓이는 그 자리는 삶의 시작이고 끝이고 "성스러운 자리"이다. 그 자리 만드는 일에 나서서 우리는 땀을 흘려야 하는데 세상사는 그렇지 않다. 획득도 엉망이고 분배도 진창이다. "밥이 내 앞에 오기까지/흘린 땀과 무게를/생각해본 적 있는가"(「밥 6」) 하고 시인은 우리 모두에게 묻는다. 밥은 평등하고 정직한데 사람은 불평등하고 부정직하다. "함께 먹으면 사랑이 되고/혼자 먹으면 평화가 깃드는 밥"(「밥 7」)에 대한 명상은 사실 이 시집의 핵심이다. 세상을 어지럽히는 것은 밥그릇 싸움인 경우가 많고, 이 땅의 부동산 정책은 밥의 질서를 무너뜨렸다.

시인의 나이를 정확히 모르고 있지만 환갑을 한참 지

나지 않았을까 생각한다. 연작시 「석양」 5편의 석양은 인생의 황혼기를 말하는 것이다. 「지우다」란 시에 나와 있듯이 주변의 친구, 동료, 친척들이 하나둘 떠나니 더욱더 쓸쓸해지는 것이다.

어느덧
노을이네요

촘촘히 살아온 날들은
멀어져 가고

이제는
그대 없는
세월 속으로 물들어 가요
조금은 쓸쓸한

바람이 불어오고
구름이 떠다니네요
—「석양 1」 전문

어느덧 내 나이가……. 석양의 건맨은 총이라도 뽑았지만 석양의 시인은 시를 쓸 수밖에 없다. "좋은 시 한 편 쓰고/찰진 연애 한 번 해보고/자유롭게/스며들고 싶은/저녁 무렵"(「석양 3」)이다. 그렇다, 죽기 전에 그래도 연애는 해보고 죽어야 할 텐데, 그 소망은 모든 남성의 로망이지만 우리는 안소니 퀸이 아니다. 백남준이 아니다. 그저 "붉디붉은/사랑이 되어 울고 싶"(「석양 2」)을 따름이다. 갈망이 크면 좌절감도 큰 법이다. 시인은 이렇게 자신의 마음을 다스린다.

    세상 끝 바람 인다고
    서러워 마라

    서글픔이야
    구름 같은 것

    살아서 울지 못한
    그 세월은

    죽음보다 깊은
    삶이거니

    노을빛 쓰러진다고
    애달파 하지 마라

—「석양 5」 전문

  자기 자신에게 이렇게 말하고 있는 것이다. "세상 끝 바람 인다고/서러워"하지 말자고. "노을빛 쓰러진다고/애달파 하지" 말자고. 이 시는 시집의 본문 제일 끝에 놓여 있기도 하지만 내용상 시집을 총정리하는 시가 아닌가 여겨진다. 시인 자신 외로움도 많이 타고 줄기차게 그 어떤 대상을 그리워하고 갈망하지만 죽음보다 깊은 것이 삶이라고 한다. 생의 마지막 날까지 최선을 다할 수밖에 없다. 딸에게 쓴 시에서 강조한 가르침이 있다. "산다는 것이/이렇게 아리고 깊다는 것"과 "이 세상 모든 일들은/마음먹기에 달려 있"다는 것이다. 그러면서 "늦은 밤 술 취해 돌아오던 아빠의/고독한 발걸음의 의미"를, "처진 어깨 그 깊은 사연을" 알아달라고 부탁한다. 가장과 시인의 길 두 가지가 다 힘들었다는 것이다. 가족의 밥상을 차리는 것은 엄마였을지라도 쌀 살 돈을 마련하는 것은 가장이었다. 시인은 이제 비로소 가족 앞에서 말하고 있다. "외로움과 쓸쓸함의 무게"가 많이 무거웠다고. "행여 기쁜 날이면/내 몸은 더 고달팠고/혼자 지켜야 하는 나의 밥상은/언제나 눈물뿐"(「딸아!」)이었다고 솔직히 털어놓는다. 이 외로움과 쓸쓸함의 무게를 견뎌내기 위하여 시를 썼던 것이리라. 이번 제7시집은 자신의 삶이 결코 쉽지만은 않았다는 고백록이라고 할 수 있다. 등단 40년 만에 내는 『바닥의 힘』은 읽기 쉬우면서 사유가 깊다. 언어를 아끼고 보듬는 솜씨가 여간 아니다. 이번 시집 출간을 계기로 시세계가 더욱 넓어지고 깊어지기를 바란다.

바닥의 힘

2021년 9월 15일 초판 1쇄 펴냄

지은이 _ 강신용
펴낸이 _ 양문규
펴낸곳 _ 詩와에세이

신고번호 _ 제2017-000025호
주　　소 _ (30021)세종특별자치시 조치원읍 충현로 159
　　　　　상가동 107-1호(육일아파트)
대표전화 _ (044)863-7652, 070-8877-7653
팩시밀리 _ 0505-116-7653
휴대전화 _ 010-5355-7565
전자우편 _ sie2005@naver.com
공 급 처 _ 한국출판협동조합
주문전화 _ (02)716-5616
팩시밀리 _ (031)944-8234~6

ⓒ강신용, 2021
ISBN 979-11-91914-01-6 (03810)

* 지은이와 협의하여 인지는 생략합니다.
* 이 책 내용의 전부 또는 일부를 재사용하려면 반드시 지은이와 詩와에세이 양측의 동의를 받아야 합니다.
* 책값은 뒤표지에 표시되어 있습니다.
* 이 사업은 대전광역시, (재)대전문화재단에서 사업비 일부를 지원받았습니다.